VILLALBA AYER Y HOY

DOMITILO NEGRÓN GARCÍA

DOMITILO NEGRON GARCIA

VILLALBA
AYER Y HOY

DOMITILO NEGRÓN GARCÍA

VILLALBA AYER Y HOY
Edición limitada publicada por el autor

MENSAJE DEL HON. LUIS JAVIER HERNÁNDEZ ORTIZ
ALCALDE DEL MUNICIPIO AUTÓNOMO DE VILLALBA

El inmenso amor que le profeso a mi pueblo tiene como secuela obvia el amor a su historia. Para todo ser humano, el conocer su historia es fundamental, porque le ata a sus raíces. Hace que cultive en toda persona el sentido de pertenencia tan importante en el desarrollo emocional de todos.

La historia de nuestra ciudad avancina es una de luchas, perseverancia y grandes logros. En este libro, el Sr. Domitilo Negrón García logra darle ambiente y marco físico a tantas historias contadas y recordadas por muchos villalbeños. Usted, amigo lector, se deleitará al visitar el pasado físico de nuestro pueblo y constatará cambios que han dado paso al Villalba que hoy disfrutamos: una ciudad que avanza.

El Municipio Autónomo de Villalba se siente honrado en ser parte de este tan importante proyecto histórico y cultural. La impresión de este libro es un especial regalo a las nuevas y pasadas generaciones, para que puedan disfrutar de un romántico pasado y un presente glorioso.

Gracias al Sr. Domitilo Negrón García por tan importante, minucioso y acertado trabajo. Les deseo que atesoren y disfruten esta joya gráfica de nuestra historia, con el mismo entusiasmo y orgullo con que yo lo hago.

Hon. Luis Javier Hernández Ortiz
Alcalde
Municipio Autónomo de Villalba

DOMITILO NEGRÓN GARCÍA

DEDICATORIA

A Sara Laffitte y Ariel Z. Ortiz, cuyas colecciones de imágenes engrosan este trabajo.

Sara: la de la guitarra bohemia; la voz profundamente clara; el sentimiento a flor de piel. Gracias por hacerte presente una vez más para hacernos vibrar, esta vez a través de tus recuerdos.

Ariel: el visionario incansable; el verbo regio; el compromiso inquebrantable. Gracias por hacerte disponible siempre para servirle a Villalba y a Puerto Rico, en la acción unas veces, en la observación otras veces, pero siempre presente.

A ustedes, Sara y Ariel, les dedico este trabajo. Así, en presente, porque aportaciones como las suyas no quedan plasmadas en un espacio de tiempo pasado, sino que quedan así, presentes, a las puertas de la eternidad.

DOMITILO NEGRÓN GARCÍA

PRÓLOGO

Según Cristina García Rodero, la fotografía es una lucha. El enemigo es el tiempo y vences cuando consigues congelarlo en el momento adecuado, evitando así que algo que habla de ti y de tu experiencia, muera y desaparezca para siempre.

He recordado las palabras de García Rodero al contemplar el extraordinario conjunto de fotografías que acopia Domitilo Negrón García en este trabajo. Una recopilación de imágenes, de momentos congelados en el instante adecuado, que cuentan lo que fuimos y lo que somos. Un conjunto de lugares, eventos, personas, instantes, unidos por el hilo conductor del tiempo y la imaginación del recopilador.

La recopilación realizada por uno de nuestros más queridos artistas villalbeños, logra exitosamente ubicarnos en tiempo y espacio. La comparación entre el ayer y el hoy es magnífica. Logra comunicar lo que vio el ojo de quienes sostuvieron el lente e incluso lo que sintieron sus corazones. A fin de cuentas de eso trata la fotografía; de transmitir sentimientos a través de imágenes que se eternizan en la memoria individual o colectiva.

Muchas de estas imágenes han dormido durante décadas (incluso alguna ha cumplido ya un siglo) en espera de ser compartidas. Otras tal vez ya han sido vistas, pero han sido capaces de retener su fuerza y el impacto del que son capaces de provocar, sin importar las veces que hayan sido observadas. Verlas reunidas aquí, por vez primera, brindándonos la oportunidad del contraste a conciencia, es una de las grandes aportaciones de este trabajo.

El sacrificio personal que significa la publicación de un libro en estos tiempos extraordinarios bien ha valido la pena. Por ello todas las generaciones, las primeras y las por venir, tienen una deuda de gratitud con el arquitecto de esta colección. Porque ha sido valiente pionero, rebelde a contracorriente, lo que ha dado como resultado un regalo magnífico que habrá de emocionar a más de uno. A más de una generación, incluso.

La idea de este trabajo parece, a prima facie, sencilla. No lo es. De hecho, se trata de una idea complicadísima. Sobre todo cuando el mensaje se encuentra a cargo de una imagen casi solitaria que pretende transportarnos en un viaje de ida y vuelta a tiempos que la mayoría tal vez no hemos vivido. Un reto que asume el recopilador, que asume también la responsabilidad de hilar muy fino la línea del tiempo. Esa cuyo extremo nos llevará a comprender cuánto, cómo y en qué hemos cambiado. Esa otra responsabilidad, la de comprender nuestra transformación y el camino que nos ha llevado hasta este punto, es solamente nuestra.

Celebro, pues, esta magnífica aportación a nuestro quehacer cultural, histórico y educativo. Una aportación convertida en arma de batalla contra el enemigo avisado del tiempo. Llega en el momento apropiado, para evitar que aquello que habla de nosotros en cada una de estas fotografías, como anticipa García Rodero, muera y desaparezca para siempre.

Rigoberto Rodríguez Roche, Ph.D.

Escudo de Villalba

Descripción Heráldica

El campo de sinople, en puente, una villa puertorriqueña del siglo XIX; seis casas y una iglesia, de plata adjuradas de gules: la iglesia cargada de un escusón con las armas de la orden del Carmelo, y en jefe a la diestra, un lucero de plata, bordado de oro con las cinco hojas de higüera al natural. Al tiente, corona de mural de oro, tres torres mamposteadas de sable y adjurada de sinople. El escudo de Villalba fue diseñado por Enrique de Jesús Torres, pintor villalbeño, en 1978.

Bandera de Villalba

La bandera de Villalba deriba su diseño y color del diseño y esmaltes del escudo municipal, con la diferencia de que ella los metales oros y plata se sustituyen por los colores amarillo y blanco, respectivamente, se organiza de cuatro franjas horizontales desiguales en anchura, que de arriba abajo guardan el siguiente orden: (1) verde, (2) blancas (almenada), (3) verdes y (4) amarilla; según las proporciones que figuran en el dibujo que acompaña este informe, en el lado intermedio el asta de la bandera en la franja superior figura en color blanco, el mismo lucero del escudo. La bandera de Villalba fue diseñada por Enrique de Jesús Torres, artista villalbeño, en 1978.

HIMNO VILLALBEÑO

Autor: Pablo Collazo

A las orillas del río Jacaguas
yace mi pueblo bello y gentil.
Por sus encantos y bellas aguas
es de la isla grato pensil.

Tiene mi pueblo muy pocas calles,
Muchas colinas de gran verdor;
La dulce caña crece en sus valles.
Plátanos, chinas de lo mejor.

Y si la suerte me manda lejos
de los reflejos de mi ideal,
sepa mi pueblo idolatrado
que será amado por siempre igual.

Aunque pequeño, yo no lo olvido
y a otros lugares voy a pasear,
sitio tan bello y tan querido
un villalbeño no olvidará.

CONTENIDO

AGRADECIMIENTOS

Hon. Luis Javier Hernández Ortiz

Sra. Tamara Rivera Martínez

Dr. Rigoberto Rodríguez Roche

Dr. Javier González Rosado

Dr. José Enrique Laboy Gómez

Luis Guzmán Collazo

Prof. Noel Rosado Sanabria

Enrique de Jesús Torres

Sra. Myrna Pérez (Artista Gráfica)

Tnte. Ana M. Negrón Collazo

FOTOS DE LOS SIGUIENTES FOTÓGRAFOS

Sara Laffitte Negrón, Q.E.P.D.

Prof. Rafael Zayas Rosario

Wisín Burgos González

Julio Guzmán Carcache

Julio Olivari Roche

Domitilo Negrón García (aficionado)

…y gracias también a aquellos fotógrafos que sin ánimo de reconocimiento nos ayudaron a complementar este trabajo.

VILLALBA

AYER Y HOY

VISTA AÉREA DE VILLALBA DÉCADA DE LOS AÑOS '80

Walter M^cK Jones
Alcalde de Villalba
1917

Luis Javier Hernández Ortiz
Alcalde de Villalba
2021

Vista de Villalba (1917)

Vista de Villalba (1985)

Vista de Villalba (1979)

Vista de Villalba (1997)

Casa Alcaldía de Villalba (1963)

Casa Alcaldía de Villalba (2017)

Iglesia Nuestra Señora del Carmen (1963)

Iglesia Nuestra Señora del Carmen (2017)

Primera Plaza Pública de Villalba (1937)

Actual Plaza Pública desde el mismo ángulo

Segunda Plaza Pública de Villalba (1947)

Actual Plaza Pública desde un mismo ángulo

Tercera Plaza Pública de Villalba (1979)

Actual Plaza Pública desde un mismo ángulo

Cuartel de la Policía Estatal (1967)

Cuartel de la Policía Estatal (2019)

Fuente de la segunda Plaza
(sentada, la Srta. Sara Laffitte, "la alondra de Villalba" (1948)

Fuente de la Plaza de Villalba (2019)

Botica de don Goyo Cintrón (1947)

Hoy, jardín en la entrada del pueblo

Tienda don Julio Santiago; luego El Amanecer (1950)

Hoy, Monumento a los Fundadores de Villalba

Calle Walter McK Jones (1947)

Calle Walter McK Jones (2017)

Salida Villalba a Juana Díaz (1947)

Salida Villalba a Juana Díaz desde un mismo ángulo (2017)

Villalba espera hijo caído en la Guerra de Corea (1951)

Así luce el mismo lugar hoy

Antiguo Cuartel de la Policía

Hoy, Edificio de don Práxedes Luna

Hotel Toro Negro (1925)

Hoy, Colegio Nuestra Señora del Carmen (2019)

Calle Luis Muñoz Rivera Sur (1963)

Calle Luis Muñoz Rivera Sur (2007)

Desfile Liga Atlética Policiaca, Calle Luis Muñoz Rivera (1958)

Calle Luis Muñoz Rivera desde un mismo ángulo (2019)

Oficina Superintendente de Escuelas (1972)

Mueblería Rentas (2021)

Calle Luis Muñoz Rivera, Viernes Santo (1958)

Calle Luis Muñoz Rivera, Domingo PM (2007)

Calle Luis Muñoz Rivera Centro (1948)

Calle Luis Muñoz Rivera Centro (2017)

Calle Luis Muñoz Rivera Norte a Sur (1963)

Calle Luis Muñoz Rivera desde un mismo ángulo (2017)

Unidad de Salud Pública (1947)

Hoy Junta Local de Inscripción Permanente (2020)

Iglesia Evangélica Unida de Puerto Rico (1951)

Iglesia Evangélica Unida de Puerto Rico (2017)

Sector El Coquí (1956)

Hoy, tienda de artículos deportivos Rey Sport Shop (2019)

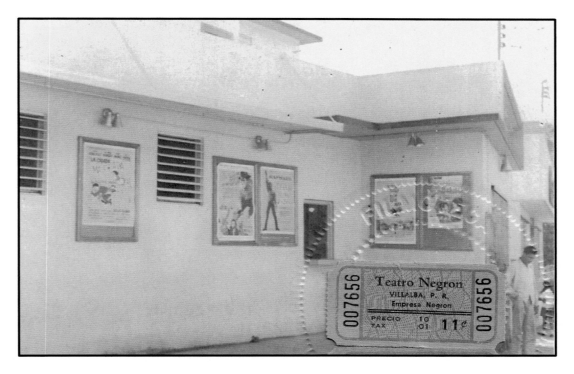

Teatro Negrón (1963)

Tienda Pasoel (2017)

Comité Partido Unionista (1937)

Actualmente estacionamiento (2017)

Antiguo Hospital, luego Cuartel. Más arriba, carnicería y tienda P. Luna (1963)

Oficina de Telégrafo (1963)

Tienda de don Francisco Suárez (1950)

Cooperativa Industrial de Costura (1948)

Tienda de Juancito (1950)

Hoy El Paseo (2017)

Tienda don Panchito Zayas (1950)

Tienda My Way (2019)

La Cabaña Azul (1962)

La Cabaña Azul como luce hoy (2019)

Tienda de ropa / estación de gasolina (1967)

Hoy Centro de Bellas Artes (2017)

Residencia de doña Carmelita Suárez (1950)

Hoy Unicentro Educativo (2021)

Residencia doña Josefa Burgos, doña Pepa (1950)

Hoy, local en alquiler (2021)

Panadería Figueroa, luego tienda de licores (1980)

Centro de Juegos (2019)

Oficina de Correos (1963)

Oficina de Correos (2017)

Casa Parroquial, Calle Figueroa (1950)

Casa Parroquial desde un mismo ángulo (2019)

Calle Barceló de Norte a Sur (1963)

Calle Barceló desde un mismo ángulo (2019)

Calle Barceló de Sur a Norte (2017)

Calle Barceló desde un mismo ángulo (2019)

Estación de bomberos (1967)   Centro de Tecnología (2008)

Oficina Local CRIM (2017), Hoy Oficina de Relaciones Públicas

Casa de Camineros, Sector Tierra Santa (1950)

Hoy Estacionamiento Público (2020)

Represa Lago Guayabal

Agua gratis para el pueblo

Cooperativa de Consumo y Farmacia (1967)

Hoy estacionamiento público (2019)

Farmacia San Antonio (de la Familia Santana; 1950)

Hoy, oficinas Dr. Nelson Rivera (2019)

Ruinas de la antigua oficina de teléfonos (1963)

Hoy Edificio Avancino (2019)

Vista parcial calle Vencebil (1950)

Vista parcial calle Vencebil (2019)

Puente de La Vega (década 1930)

Puente de La Vega (2019)

Medtronic I (2019)

Medtronic II (2019)

Residencia de Sara Laffitte Negrón (1963)

Actualmente estacionamiento (2019)

Cooperativa de Agricultores y Enlatadores Gandules Alba (1950)

Hoy solo quedan ruinas (2019)

Obreras escogen los mejores granos de los gandules Alba (1958)

Maquinaria de la antigua procesadora de los gandules Alba (1958)

Residencia de la Familia Rivera (1967)

Hoy, terminal de carros públicos Ismael Zaragoza (2019)

Residencia Familia Rivera Zaragoza

Hoy Terminal de Carros Públicos

Parque Herminio Cintrón (1993)

Estadio Herminio Cintrón (2021)

Residencia Dr. Villamil (1947)

Hoy, Urb. Villa Alba (2007)

Residencia Miguel Crescioni (1950)

Hoy, oficinas médicas Dr. Ramón E. Negrón (2019)

Planta Hidroeléctrica Toro Negro (1930)

Planta Hidroeléctrica Toro Negro (1998)

Viernes Santo, calle Barceló (1963)

Viernes Santo, calle Barceló (2020)

Residencial Efraín Suárez Negrón (1967)

Residencial Efraín Suárez Negrón desde un mismo ángulo (2019)

Construcción Represa Guayabal

Lago Guayabal (2017)

Represa Toa Vaca (1974)

Represa Toa Vaca (2017)

Carretera Estatal 149, Sector Jagüeyes (1966)

Carretera Estatal 149 desde un mismo ángulo (2007)

Central Juliana, fundada por Walter McK Jones (circa 1950)

Lugar en el que se encontraba la Central Juliana, en la actualidad (2021)

Tienda El Quenepo, Tierra Santa (1967)

Hoy, terreno de Medcentro (2020)

Hacienda El Semil (1963)

Hacienda El Semil, hoy (2020)

Campamento Liga Atlética Policiaca y Academia de Policía (década 1990)

Hoy CROEV (Centro Residencial de Oportunidades Educativas de Villalba)

Residencial Maximino Miranda en los años '80

Residencial Maximino Miranda (2021)

Panadería y Repostería Del Rey (década de los años '80)

Hoy, Medcentro (2021)

Don Mercedes Rodríguez en terreno baldío, sector Borinquen

Actualmente Funeraria Rodríguez (2021)

Plaza del Estudiante (1988)

Hoy edificio de viviendas (2021)

VILLALBA HOY

Puente de las banderas (2019)

Bienvenidos a Villalba (2019)

Monumento a los fundadores del pueblo, obra del artista villalbeño Jesús Ortiz

"Las letras"

Antiguo puente Villalba a Juana Díaz como luce en la actualidad (2019)

Moderno puente Villalba a Juana Díaz, entrada al pueblo (2020)

Parrocoop (2021)

Villacoop (2021)

Edificio municipal (antiguamente biblioteca)

Centro de Salud San Cristóbal

Plaza urbana en la entrada del casco urbano (2021)

Estadio de Pequeñas Ligas Johnny Maldonado Criado (2021)

Plaza José Ramón Figueroa (2021)

Busto de Walter M^cK Jones en la antigua escuela (2021)

Vistas aéreas de Villalba (2019)

Vista aérea parcial río Jacaguas y sector Tierra Santa (2019)

Vista aérea parcial del casco urbano de Villalba (2019)

Vista aérea de las montañas de Villalba (2019)

Vista aérea parcial del río Jacaguas y La Vega (2019)

Vista aérea Residencial Maximino Miranda (2021)

Vista aérea del casco urbano (2019)

Mi Escuelita Ayer y Hoy

Escuela Walter M^ck Jones (1963)

Escuela Walter M^cK Jones, cerrada (2019)

Columnas de la escuela
Walter M^cK Jones

Campana Walter M^cK Jones

Escuela Elemental Walter M^cK Jones (1958)

Escuela Intermedia Walter M^cK Jones (1963)

Escuela Superior M^cK Jones (1963)

Paseo de los novios (1963)

Primera Clase Graduanda Escuela Superior Walter M^cK Jones (1948-1949)

Desfile última graduación Escuela Superior Walter M^cK Jones (1963)

Paseo de los novios desde sus cuatro ángulos

Escuela Walter McK Jones (obra de Myrna Pérez)

Museo Walter M^cK Jones

Esc. Superior Francisco Zayas Santana en construcción (1963)

Hoy Escuela Intermedia Francisco Zayas Santana (2019)

Escuela Rural Elemental, Sector Hatillo (1963)

Escuela Sylvia Torres Torres, Sector Hatillo (2019)

Escuela Intermedia Norma I. Torres Colón (1997)

Hoy Escuela Elemental Norma I. Torres Colón (2019)

Escuela Ramón López Berríos, Bo. Vacas, en construcción

Escuela Ramón López Berríos, Bo. Vacas (2020)

Escuela Rural Elemental Higüero (1963)

Escuela Elemental Eladio Rosa Romero, Sector Higüero (2017)

Esc. Elemental Rural, Sector Jagüeyes Arriba (1963)

Escuela Elemental Daniel Serrano, Sector Jagüeyes Abajo (2017)

Escuela José González Ginorio (1963)

Esc. José González Ginorio en la actualidad (cerrada)

Escuela Elemental Isabel Alvarado, Sector El Pino (2019)

Escuela Superior Vocacional Cristina Martínez (2019)

Escuela Superior Lysander Borrero Terry (2019)

Anfiteatro Estilo Griego, Esc. Sup. Lysander Borrero Terry (2019)

S.U. Julio Olivieri, Sector Jagüeyes (1997)

Hoy, EDP University (2019)

Escuela Rural Elemental, Sector El Limón (1966)

Escuela Elemental Teodoro Rivera, Sector El Limón, Cerrada (2019)

Escuela Rural Elemental El Limón 3-4 (1966)

Escuela Rural Elemental El Limón 5-6 (1966)

Escuela Rural Elemental Palmasola 1-2 (1966)

Escuela Rural Elemental Palmasola (1966)

Escuela Elemental Palmarejo (1963)

Escuela Aurea Ginestre, Sector Palmarejo (2015)

Esc. Elemental Rural Eladia Correa, Sector Cerro Gordo (2016),

Esc. Elemental Johnny E. Laboy, Sector Camarones (2018)

Escuela Rural La Julita (1963)

Hoy Capilla Católica (2001)

Escuela Rural El Semil (1987)

Escuela S.U. El Pino (1963)

Escuela Rural Aceitunas (1979)

Dibujo de Juan B. Alvarado, Esc. Elemental Rural La Sierra (1963)

Dibujo D. Negrón, Escuela Rural Apeaderos (1966)

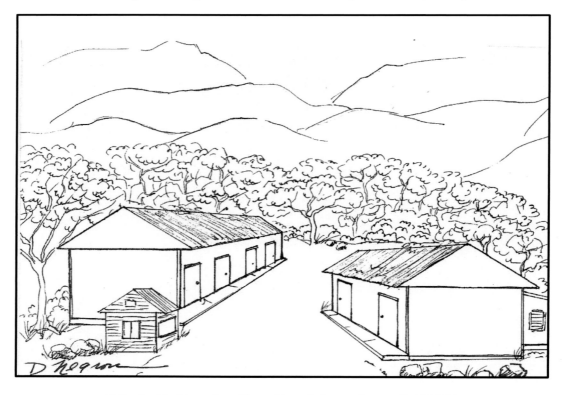

Dibujo D. Negrón, Esc. Rural Apeaderos II (1980)

Esc. Rural Elemental Mogote, Prof. López con sus estudiantes (1960)

Esc. Rural Elemental Emilia Bonilla, Sector Mogote (cerrada)

Esc. Rural Elemental, Sector Dajaos (1967)

Esc. Rural Elemental Caonillas (1973)

Esc. Rural Elemental Vista Alegre (1979)

Esc. Julio Olivieri, Parcelas Jagüeyes (1979)

S. U. Alfredo Bocachica (2007)

S.U. Alfredo Bocachica, Sector El Pino, (2021), Cerrada

Ruinas de la primera escuela de El Semil

Equipo Atlético Escuela Superior Walter M^cK Jones (1962)

EPÍLOGO

Luego de lo vivido, al hombre le envuelve la eterna nostalgia de revivir el pasado. Quizás se deba a lo incierto del futuro, que nos hace valorar la máxima pueblerina que dice que "más vale lo malo conocido que lo bueno por conocer". De todos modos, nuestro ser siempre se emociona en contemplar y escuchar fragmentos de nuestro pasado. Mucho más si fue un pasado en común, con las generaciones de un pueblo pequeño y familiar como Villalba. Si este pasado es desconocido para muchos, la emoción de los que valoran el pasado de tener esta posibilidad es mucho mayor.

La cortina de la ignorancia de un ayer al cual estamos atados es cerrada y abrimos una puerta para permitirnos pasear por esos tiempos. Con la emoción y esperanza de poder ubicarnos en algún lugar o de algún modo en esa historia, en donde están las raíces de lo que hoy somos. Este libro logra ese propósito de forma instantánea.

Si somos de Villalba, a través de sus fotos el Profesor Domitilo Negrón García logra que nos identifiquemos, con algún lugar, con alguien o con algo en sus fotos. Haber podido conectar el pasado con el presente, de manera excepcional y tan creativa, es el mayor logro del Profesor Negrón García.

Tenemos que agradecerle eternamente su respeto por nuestro pasado, su afición a guardar memorias y, sobre todo, su deseo de compartirlas. Este es su legado de amor para las pasadas y nuevas generaciones avancinas.

Prof. Tamara I. Rivera Martínez

La presente es una
EDICIÓN LIMITADA PUBLICADA POR EL AUTOR.
No han sido invertidos fondos públicos para
la publicación de este libro.